Morte na floresta

Aparecida Vilaça

Morte na floresta

todavia

1. Somos todos indígenas **7**
2. Cinco séculos de epidemias **13**
3. O "isolamento social" **19**
4. Espíritos, xamãs e doenças **27**
5. Uma civilização viral **35**
6. O equívoco do virar branco **41**
7. Reconectando **47**

Referências bibliográficas **52**

I.
Somos todos indígenas

*Já não havia então destinos
individuais, mas uma história
coletiva que era a peste e sentimentos
compartilhados por todos.*

Albert Camus, *A peste*

Estamos em maio de 2020. A Covid-19 chegou às aldeias de mais de setenta povos indígenas de diferentes partes do Brasil. Os locais mais afetados no momento são as áreas do Alto Solimões e do Alto Rio Negro, a oeste de Manaus. "Nós povo Kokama pedimos socorro, estamos morrendo", grita nas redes sociais o primeiro povo duramente atingido. Mas não só. Acabo de receber uma mensagem de WhatsApp de um aluno que fez sua pesquisa entre o povo Asurini do Trocará (Pará), dizendo: "Aparecida, só nesse fim de semana foram quatro mortes por Covid-19 na aldeia, todos amigos meus. E há mais trinta casos suspeitos. Nada tem sido feito pelas instituições. A lógica parece ser deixar morrer".

Deixadas à própria sorte, associações indígenas das mais diferentes regiões lançam campanhas de arrecadação na internet, para que possam receber os bens de que necessitam para sobreviver, além de material de higiene, sem precisar sair das aldeias. Outros fecham as estradas que conduzem às comunidades com obstáculos improvisados.

No alto rio Negro, a cidade de São Gabriel da Cachoeira, com quase a totalidade de sua população indígena, não tem recursos hospitalares disponíveis e os indígenas morrem em suas casas ou em filas de espera. Manaus, a capital brasileira com maior população indígena — entre 15 mil e 20 mil pessoas —, é uma das mais afetadas pela pandemia. O que se vê nos meios de comunicação são imagens de valas comuns cheias de cadáveres, indígenas ou não, acondicionados em caixões improvisados. Em uma imagem aérea, vê-se, na beira de um desses grandes buracos, uma aglomeração de pessoas, provavelmente alguns parentes, que levam ao rosto lenços para secar as lágrimas, para se protegerem do vírus ou, quem sabe, do cheiro. Dentre os mortos está Aldenor Basques Félix Gutchicü, professor da etnia Tikuna. A manchete do jornal *Amazônia Real* diz: "Professor Tikuna, que morreu por suspeita de Covid-19, é enterrado em vala coletiva em Manaus". "Vocês se comoveram com a Itália? Manaus está muito pior!", estampa outro site de notícias.

Pela primeira vez em cinco séculos repletos de surtos epidêmicos decorrentes de vírus, bactérias e protozoários exógenos levados aos povos indígenas, nós, os invasores de seus territórios originários, experimentamos simultaneamente os mesmos sintomas, desespero e fragilidade diante de uma doença desconhecida, para a qual não temos anticorpos ou remédios. Nesse sentido, "somos todos indígenas", como disse recentemente o antropólogo Bruce Albert, pois sentimos na pele o sofrimento que impusemos a eles.

O projeto de extermínio das culturas indígenas, proposto e executado pela equipe que rege o Brasil desde janeiro de 2019, volta-se agora igualmente contra nós, que vemos, com olhos arregalados, e trancados em nossas casas, as nossas vidas em risco, nas mãos de governantes incompetentes.

As palavras do xamã e líder yanomami Davi Kopenawa, proferidas muito antes da pandemia, à luz de sua preocupação com a destruição ambiental, tentam explicar aos ignorantes que o desastre por vir afetará igualmente a todos:

Se o céu escurecer e a terra ficar toda alagada, eles [os brancos] não vão mais poder ficar empoleirados em seus prédios nem correr no peito do céu sentados em seus aviões! Se *Omoari*, o ser do tempo seco se instalar de vez perto deles, eles só terão fios de água para beber e assim vão morrer de sede. É bem possível que isso aconteça mesmo.[1]

Mais atônitos ficamos ao ver que, em meio ao caos da pandemia, o projeto de destruição da Amazônia e seus povos autóctones se acelera, com os convites à grilagem, mineração ilegal e invasões de todos os tipos, acompanhados do desmonte dos órgãos de fiscalização ambientais e indigenistas, produzindo mais contaminação e doenças. O novo vírus, ao invés de obstáculo, tornou-se um trampolim para as ações criminosas, invisibilizando-as em meio às notícias sobre a doença. Sabe-se que, sem a garantia de integridade de seus territórios, os indígenas não podem sobreviver, com ou sem vírus. O agravante agora é que, com as suas terras invadidas, não têm mais lugares seguros para fugir ao buscar proteção contra a doença, pois ela lhes é trazida diretamente pelos invasores.

O que está claro para todos é que o governo federal, em todas as áreas — saúde, educação, territórios —, está alinhado para efetivar essa política genocida com os indígenas, silenciar a voz dos povos indígenas, para que nós não venhamos a ter força para continuar a resistência que ao longo da nossa história nós concretizamos. Eles querem acabar com as nossas histórias, nossas memórias, com nossos anciões.[2]

Os Awá Guajá, povo Tupi-Guarani habitante do Maranhão, constituem mais um exemplo de povos que vêm há muito sendo

---

1 Davi Kopenawa e Bruce Albert (2015), p. 509. **2** Altaci Rubim, professora e linguista Kokama (cf. Elaíze Farias, 2020).

perseguidos e mortos. Em 1978, uma emboscada de homens armados organizada por fazendeiros, reconstituída no belo filme de Andrea Tonacci, *Serras da desordem*, exterminou um dos grupos que estavam acampados na floresta, deixando um único sobrevivente, Carapirú, que perambulou sozinho pelas matas locais, munido de seu arco, flechas, um cesto e uma panelinha de metal. Foi encontrado dez anos depois, em 1988, às margens de uma fazenda, no estado da Bahia. Hoje, os seus parentes Guajajara, com quem os Awa Guajá compartilham o território, pedem por eles nas redes sociais: "Impeçam as invasões de nosso território ou nossos parentes Awá Guajá morrerão. Estamos avisando mais uma vez ao Estado brasileiro e à comunidade internacional, que está ocorrendo um genocídio do Povo Awá Guajá",[3] afirma o comunicado escrito por Olimpio Guajajara, coordenador dos Guardiões da Selva.

Invadidos e desprotegidos, os indígenas sofrem também as consequências do desmonte do sistema de saúde público brasileiro, que atingiu em cheio a saúde indígena, administrada por meio de distritos sanitários regionais. Embora a atenção primária à saúde indígena funcione de maneira relativamente independente, com equipes que se deslocam de tempos em tempos às áreas indígenas, os casos mais graves são levados às cidades, onde dependem dos hospitais públicos locais da rede SUS, deficientes em corpo médico, equipamentos e remédios. Ali, a atenção deixa de ser especial, e os indígenas juntam-se a todos os demais em uma dolorosa espera. "São muitos Kokama que estão sendo levados pela Covid-19. Como os hospitais estão como numa guerra, com tantas pessoas doentes, morrendo, então muitos preferem ficar em casa", diz a professora Altaci Rubim.

A extrema desigualdade social brasileira coloca os indígenas ao lado dos pobres, fazendo-lhes companhia na parte de trás das mais diversas filas, seja nos bancos em busca dos auxílios ou na luta por oxigênio. "A Secretaria Especial de Saúde

---

3 AFP (2020).

Indígena tinha UTI aérea até 2019. Pela burocracia do governo federal, não renovaram o contrato. Será que vamos esperar morrer mais dez, vinte, trinta, cinquenta pessoas para renovar?", questiona a professora.

Em contraste, uma foto publicada em um site de notícias mostra um paciente abastado em Belém, um dos lugares de exaustão dos sistemas de saúde público e privado, sendo transportado dentro de uma cabana plástica transparente, em uma UTI aérea, em direção a um hospital em São Paulo.

As vítimas preferenciais, os velhos, são, entre os indígenas, povos de tradição oral, os guardiães da memória ancestral, dos mitos, das histórias, das canções e, em diversos lugares, também da língua nativa. Essas mortes equivalem a incêndios em nossas bibliotecas, com a diferença de que os livros não poderão ser repostos e, com isso, a transmissão da memória aos jovens é interrompida.

Eu não tenho velhos livros como eles, nos quais estão desenhadas as histórias dos meus antepassados. As palavras dos xapiri estão gravadas no meu pensamento, no mais fundo de mim. (Davi Kopenawa)[4]

Não são apenas números, são pessoas, são memórias e histórias dos povos Apurinã, Atikum, Baniwa, Baré, Borari, Fulni-ô, Galiby Kalinã, Guarani, Hixkaryana, Huni Kuin, Jenipapo Kanidé, Kariri Xocó, Kaingang, Karipuna, Kokama, Macuxi, Mura, Munduruku, Pandareo Zoro, Pankararu, Palikur, Pipipã, Sateré Maué, Tariano, Tembé, Tikuna, Tukano, Tupinambá, Tupiniquim, Warao e Yanomami, todos afetados pela pandemia! (Carta final da Assembleia de Resistência Indígena da Articulação dos Povos Indígenas do Brasil)

Somos todos indígenas?

4 Davi Kopenawa e Bruce Albert (2015), p. 65.

2.
Cinco séculos de epidemias

O simples contágio do encontro entre humanos daqui e de lá fez com que essa parte da população desaparecesse por um fenômeno que depois se chamou epidemia, uma mortandade de milhares e milhares de seres. Um sujeito que vinha da Europa e descia numa praia tropical largava um rasto de morte por onde passava. O indivíduo não sabia que era uma peste ambulante, uma guerra bacteriológica em movimento, um fim de mundo, tampouco o sabiam as vítimas que eram contaminadas. Para os povos que receberam aquela visita e morreram, o fim do mundo foi no século XVI.

Ailton Krenak, *Ideias para adiar o fim do mundo*

Os efeitos de uma das epidemias de varíola, que atingiu os indígenas da costa do Brasil em 1565, são descritos com detalhes pelo padre José de Anchieta.

A principal destas doenças hão sido variola, as quais ainda brandas e com as costumadas que não têm perigo e facilmente saram; mas ha outras que é cousa terrivel: cobre-se todo o corpo dos pés á cabeça de uma lepra mortal que parece couro de cação e ocupa logo a garganta por dentro e a lingua de maneira que com muita dificuldade se podem confessar e em três, quatro dias morrem; outros que vivem, mas fendendo-se todos e quebra-se-lhes a carne pedaço a pedaço com tanta podridão de materia, que sai deles um terrivel fedor, de maneira que acodem-lhe as moscas como á carne morta e apodrecida sôbre eles e lhe põem gusanos que se não lhes socorressem, vivos os comeriam. Eu me achei em Piratininga um pouco de tempo [...] ali se encrueleceu muito esta enfermidade, de maneira que em breve espaço morreram muitos e a maior parte foram meninos inocentes, de que cada dia morriam três, quatro, e ás vezes mais, que para povoação tão pequena foi boa renda para Nosso Senhor.[1]

Os aldeamentos criados pelos jesuítas eram instituições paradoxais em todos os sentidos. Os padres curavam as doenças trazidas muitas vezes por eles mesmos, que se propagavam com rapidez nas grandes aglomerações que constituíam as missões. Além disso, se uma das funções desses empreendimentos religiosos, paralelamente à "civilização" dos índios pela catequese e ensino de modos europeus, era protegê-los da escravidão, acabavam por funcionar como celeiro de trabalhadores "amansados" para os colonos vizinhos. Lembremos que, pelo menos até as primeiras décadas do século XVII, quando a importação de africanos escravizados tinha menores dimensões, dentre outras coisas por seu custo, era sobretudo a mão de obra indígena que sustentava os empreendimentos coloniais.

Em uma carta aos seus superiores sobre a "peste das bexigas" que assolou o Maranhão em 1661, o frei franciscano Pedro das Neves queixa-se dos problemas econômicos causados pelo grande número de mortes dos indígenas: "a grande mortandade que as bexigas fizeram no gentio, que é o remédio destas terras", deixou as casas dos moradores "sem um escravo".[2] Epidemias da mesma doença nos estados do Maranhão e Pará,

---

1 Carta do padre Anchieta ao Geral Diogo Lainez, de S. Vicente, janeiro de 1565.　2 Rafael Chambouleyron et al. (2011), pp. 988-9.

entre as décadas de 1690 e 1720, com grande mortandade indígena, acabaram por provocar nova corrida em busca de escravos, com petições feitas por religiosos e moradores à Coroa pedindo autorização para o descimento de índios, o que significava transportá-los rio abaixo para trabalhar para os colonos.[3]

As pestes, como eram chamadas as epidemias, continuaram, ao longo dos séculos, a submeter os indígenas aos mesmos tipos de sofrimento e perdas relatados por Anchieta quinhentos anos atrás. Em minha pesquisa entre o povo Wari' do oeste de Rondônia, deparei-me com diversos relatos análogos em conversas com pessoas que haviam sobrevivido às epidemias de gripe e pneumonia que se sucederam ao processo chamado "pacificação", em 1961, quando equipes de agentes do governo e missionários entraram em suas terras para promover um contato forçado. Como resultado, os Wari' perderam dois terços de sua população.

Dois dias depois da visita ao local onde haviam chegado os brancos, começou a doença. Eles voltaram para casa e à noite já se sentiram doentes. Dor, tosse, catarro e febre. Começou na aldeia Pakun. Foram mais de vinte mortos. Só eu e Tem Noi não adoecemos. Fazíamos chicha, pamonha, caçávamos e pescávamos para os doentes. Eu chorei sozinho a minha mãe. Muitos urubus circundavam os mortos.[4]

Nós fugíamos da doença. Os sobreviventes, ainda capazes de andar, queriam chegar aonde houvesse gente sadia, porque ali não adoeceriam. Andando pela floresta, iam deixando pelo caminho os mortos. Alguns eram queimados. Outros, deixados para os urubus, pois os vivos não tinham mais forças.[5]

3 Ibid., pp. 993-4.   4 Entrevista da autora com Oronkun, em 1992.
5 Entrevista da autora com Xi Waram, em 1992.

Mesmo antes de se chegar às aldeias, ainda na floresta, ouvia-se o som de tosses e gemidos. Nas trilhas, encontravam-se corpos que haviam sido deixados pelos sobreviventes em fuga, já parcialmente comidos por urubus. Fotos da época mostram pessoas esqueléticas, com olhos esbugalhados, sendo carregadas às costas de outras quase tão magras, mas ainda de pé. As mais impressionantes que vi foram as de dois homens sentados, tendo um deles ao colo uma criança morta, com a cabeça pendida. Três esqueletos cobertos de pele.

Xi Waram, o homem do relato acima, um rapazinho à época, me contou uma cena que o marcou. Andando pela floresta, fugindo da doença, o grupo teve que abandonar uma mulher morta, mas seu filho criança agarrou-se a ela com tanta força, gritando e mordendo os que se aproximavam, que teve que ser deixado junto ao corpo, pois não conseguiram separá-los e ninguém tinha forças para carregá-los.

Mais ou menos na mesma época, duas grandes epidemias sucessivas dizimaram o grupo de origem do xamã yanomami Davi Kopenawa: a primeira, de sarampo, rubéola ou escarlatina, propagada por agentes do Serviço de Proteção ao Índio (SPI) em 1959-60, e a segunda, de sarampo, em 1967, trazida pela filha de um dos pastores da New Tribes Mission, que haviam se estabelecido ali em 1963. Esta última matou a mãe de Davi. De modo semelhante ao descaso demonstrado por frei Pedro da Neves com as mortes indígenas em 1661 (a não ser pelo fato de reduzirem a mão de obra disponível), os missionários evangélicos também não se afetaram com o que chamaram de "crise", que serviu como um incentivo para a evangelização.[6]

Ao final da década de 1980, os Yanomami sofreram nova leva de perdas: mais de mil pessoas morreram por doenças e violência decorrentes da invasão de suas terras por cerca de 40 mil garimpeiros. Com a demarcação do território yanomami, em

6 Davi Kopenawa e Bruce Albert (2015), pp. 45, 648, 654.

1992, fruto de muitos anos de luta de Davi Kopenawa, Bruce Albert e diversas outras pessoas, as invasões foram contidas, mas voltaram com toda a força com o aumento do preço do ouro no mercado internacional e com o descaso de governos sucessivos. Atualmente a situação é crítica, agravada pela anuência implícita do atual governo. Estima-se que cerca de 20 mil garimpeiros se encontrem no território yanomami, poluindo os seus rios e levando destruição e doenças, dentre elas a Covid-19. A primeira vítima indígena do vírus foi justamente um rapaz yanomami, de quinze anos.

3.
O "isolamento social"

Sabe-se que o isolamento voluntário de comunidades indígenas no contexto das perseguições ou das epidemias que se seguiram às diferentes levas da invasão europeia foi uma ação comum, que persiste como prática nos tempos atuais.

Já ouvi muitos relatos da boca de meus avós, tios, tias e meus pais sobre o sarampo, a catapora e a coqueluche dos tempos dos seringais. Ao anoitecer, na hora da comida, eles começavam a contar os acontecimentos do passado. Lembro muito bem quando eles falavam que tinha sido o pior momento da vida deles. Eles faziam um buraco enorme e ali colocavam cinco, seis, sete pessoas, pois estavam cansados de fazer covas [...]. Não sabemos como curá-las; para nos protegermos só nos resta ir para lugares distantes.[1]

Muitos dos povos sobreviventes devem ao isolamento a sua existência. Hoje, depois de anos de recuperação, há no Brasil, de acordo com o censo de 2010, cerca de 900 mil indígenas, distribuídos entre 305 diferentes povos, o que representa de 10% a 20% do que se estima ter existido no tempo da primeira invasão europeia. Os dados arqueológicos mostram que o padrão considerado hoje tipicamente amazônico, de pequenas comunidades autocontidas, é, em muitos casos, consequência das mortes e da dispersão resultantes das diversas invasões e seus desdobramentos.

[1] Francineia Fontes Baniwa (2020).

Estudos realizados na bacia Amazônica revelam a existência de aldeias muito maiores do que as atuais, que se comunicavam umas com as outras compondo extensas e numerosas comunidades.

Ainda hoje, povos inteiros optaram por se manterem isolados. Estima-se que haja, na América Latina, cerca de uma centena de povos originários em isolamento voluntário, diversos deles no Brasil, a maior parte concentrada na região do Vale do Javari, no sudoeste amazônico. A maioria deles se encontra em territórios cuja situação legal ainda é incerta — as chamadas áreas declaradas, identificadas ou com restrição de uso — ou partilham terras de outros povos. São eles os mais ameaçados pelas invasões de madeireiros, mineradores e outros, além de missionários que buscam catequizá--los, atacando duramente o seu modo de vida. Além disso, levam consigo, assim como os demais invasores, agentes patogênicos.

A aliança do atual governo com a bancada evangélica levou à nomeação de um missionário, da mesma Missão Novas Tribos, recentemente renomeada Ethnos360, como gestor da Coordenação Geral de Índios Isolados e Recém-Contactados da Funai, aquela que teria como função proteger esses indígenas de toda e qualquer interferência do exterior, incluindo das missões religiosas. Como missionário, ele havia atuado justamente na região do Vale do Javari, onde se concentram os indígenas isolados. Recentemente, essa nomeação foi suspensa por ação do Ministério Público Federal, mas a referida bancada conseguiu inserir um item no projeto de lei aprovado para garantir apoio especial aos indígenas durante a pandemia, que permite a presença de missionários entre índios isolados, com a justificativa de lhes dar assistência (da qual eles não precisariam se pudessem se manter isolados).

Alguns desses povos hoje isolados puderam ter as razões de sua escolha conhecidas pelas equipes da Funai, que os localizaram visando garantir a proteção de seu território. Dois desses casos são documentados em filmes essenciais para quem deseja ter uma imagem de algumas situações limítrofes impostas por nós aos povos indígenas.

Corumbiara, de Vincent Carelli, retrata a vida de sobreviventes de dois grupos massacrados, os Kanoê e os Akuntsu, habitantes da bacia do rio Omerê, no sudeste de Rondônia. Ambos foram encontrados pela Funai em 1995, depois de dez anos de tentativas, e de mais de cinquenta anos de evidências de sua presença na região. Ao serem encontrados, haviam restado apenas quatro pessoas do grupo Kanoê e sete pessoas do grupo Akuntsu.

Informações do Instituto Socioambiental revelam que o intérprete indígena levado até eles, Munuzinho Kanoê, veio a saber que o grupo Kanoê do Omerê era originalmente composto de cerca de cinquenta pessoas. Certo dia, todos os homens do grupo, de idosos a meninos mais crescidos, partiram em expedição, deixando as mulheres e as crianças à espera em um acampamento. Após alguns dias, duas mulheres saíram à sua procura e descobriram que todos haviam sido mortos a tiros. Desesperadas, decidiram pelo suicídio coletivo por meio do envenenamento. Sobreviveram somente os que foram encontrados, além de uma mulher que, enlouquecida de dor, saiu sozinha à procura de seu marido e filhos, para nunca mais retornar. Pouco depois, parece ter havido uma tentativa de extermínio biológico, pois foi aberto um inquérito na Polícia Federal de Rondônia para apurar evidências de que os mesmos fazendeiros que os massacraram teriam levado até o grupo remanescente, propositalmente, índios do povo Cinta-Larga gripados.

O outro filme a que me referi, *Piripkura*, de Renata Terra, Mariana Oliva e Bruno Jorge, documenta as atividades de uma equipe da Funai, liderada pelo sertanista Jair Candor. Em 1989, a equipe encontrou dois índios isolados, irmãos entre si, que viviam em uma região no noroeste de Mato Grosso. Sobreviventes de perseguições, só se aproximaram da base da Funai quando o fogo que carregavam se apagou. Depois de alguns dias ali, e já munidos de um tição, voltaram para a floresta, mandando, por gestos, a equipe ficar onde estava, sem segui-los.

A situação de isolamento é, portanto, complexa e variada, indo desde casos bem sucedidos de povos inteiros que optaram pelo autoisolamento e vivem hoje em territórios legalmente protegidos, até pequenos remanescentes de povos brutalmente feridos pelos brancos, seja por armas ou por doenças trazidas por eles.

Com a pandemia do novo coronavírus, a opção pelo isolamento passa a incluir povos já com intenso contato. Nesse processo de interação com os brancos, esses povos foram sedentarizados, ou seja, passaram a viver em aldeias perenes, de modo a possibilitar o acesso ao atendimento à saúde e à educação escolar, o que, em muitos casos, veio acompanhado da catequese missionária.

Atualmente, essa lista de supostos bens levados a eles inclui os benefícios sociais, como o Bolsa Família, aquisição importante, embora efetivada entre os povos indígenas sem que se levasse em conta as diferenças entre os seus modos de subsistência e os nossos. É preciso considerar, entretanto, que a sedentarização promove o esgotamento dos solos de plantio, da caça e da pesca, de modo que o dinheiro dos auxílios acaba por se tornar essencial para a sua segurança alimentar. Com ele compram leite, óleo, café, arroz, macarrão e açúcar, além da gasolina para se deslocarem até a cidade, justamente para receber os auxílios e fazer as compras. Forma-se assim um ciclo vicioso de difícil interrupção: precisam do dinheiro para se alimentar e gastam boa parte dele deslocando-se para a cidade, às vezes por vários dias, entre viagem e permanência. Para receberem o Bolsa Família precisam manter o acompanhamento médico de gestantes e recém-nascidos e comprovar a frequência das crianças maiores à escola, o que exacerba a sedentarização, impedindo-as de acompanharem os pais em viagens de coleta e caça. São, portanto, mantidas alijadas das atividades tradicionais para se tornarem, quando adultas, mais dependentes ainda da alimentação processada comprada nas cidades.

É esse ciclo vicioso que necessitam hoje romper, isolando-se para garantir a sua sobrevivência em meio à pandemia. Alguns, como os Ashaninka do rio Amônia, no Acre, vinham há décadas preparando a sua autossuficiência, com grandes roças coletivas e um programa escolar próprio, focado na transmissão dos saberes tradicionais. Outros, entretanto, foram pegos despreparados, dependentes dos bens e auxílios externos, de modo que a sua situação alimentar, ao lado da sanitária, é colocada em risco. Como sobreviver com roças pequenas e pouca caça e pesca? É para isso que muitos deles organizaram as campanhas na internet que mencionei acima, pedindo por doações que possibilitem o acesso aos alimentos sem que precisem buscar os auxílios em bancos da cidade, onde correm sério risco de contaminação. Foram tantos os indígenas contaminados recentemente nas filas dos bancos em busca do auxílio emergencial da pandemia que, em alguns lugares, ele ficou conhecido como "os seiscentos reais da morte" (ver links para doações em <covid19.socioambiental.org/banco-de-iniciativas>).

Os Wari', com quem venho trabalhando há trinta anos, encontram-se hoje nesta situação. Após muitos anos de contato com os brancos e dependentes dos alimentos industrializados para complementar a sua alimentação, viram-se obrigados a fechar as suas aldeias, pois o novo vírus já atingiu algumas delas. Com isso, ficou suspensa não somente a circulação de mercadorias, mas também o constante fluxo de pessoas que caracteriza a sua vida social.

Infelizmente, não é a primeira vez que passam por isso. Em 1961, poucos meses depois dos primeiros contatos com agentes do Serviço de Proteção ao Índio (SPI) e missionários, que levaram a eles as epidemias, dois grupos optaram pelo isolamento. Um deles era composto de cinco casais e dois homens solteiros, além de seus filhos. Vendo muitos de seus parentes adoecerem e morrerem, saíram do posto de contato, onde se encontravam, em direção a uma região montanhosa rio acima, onde fizeram roças e permaneceram por oito anos. Em 1969, foram encontrados por um grupo de parentes enviados com esse fim e, já sofrendo perseguições de seringueiros invasores, decidiram acompanhá-los. Chegando ao posto de atração da recém-criada

Funai, foram levados à cidade de Guajará-Mirim em um caminhão e ganharam roupas para vestir. Da cidade, foram levados de barco para uma aldeia fundada por padres católicos, Sagarana, no rio Guaporé, área em que jamais tinham vivido. Lá, muitos deles morreram em uma epidemia de sarampo.

Conversando com um dos homens sobreviventes, perguntei-lhe: "Por que aceitaram esse chamado? Por que saíram de onde estavam?".

"Os brancos das redondezas já nos perseguiam, e sentíamos falta de nossos parentes", ele me respondeu.

O outro grupo wari' que se isolou era bem menor, composto de um casal e seus quatro filhos, e o irmão solteiro do homem. Conheci-os na aldeia Rio Negro-Ocaia, em 1986. Suponho que, na época, deveriam ter por volta de cinquenta anos de idade. Um deles, Wao Tokori, era um dos poucos homens wari' que ainda usavam os cabelos compridos, que desciam até os ombros, ao modo dos guerreiros do passado. Sua esposa, Wem Parawan, parecia ser mais velha do que ele, pois já tinha alguns fios brancos, o que demora a acontecer com as mulheres wari'. Lembro sempre dela muito ativa, saindo cedo para a roça com o seu cesto pendurado na testa, ou moendo milho para preparar chicha e pamonha. Um dia me perguntou o nome da minha mãe, gostou e o adotou como seu segundo nome. Jamain Tamanain, o irmão mais novo, é o único vivo até hoje, e só veio a se casar muitos anos depois do contato.

Segundo os relatos, devem ter passado um total de dois anos perambulando pela floresta, sem fazer roça, vivendo somente da caça e da coleta, até que um dia foram encontrados, por acaso, por um parente que buscava taboca para fazer flechas em uma região remota. O recém-chegado chorou de emoção ao vê-los, pois todos os acreditavam mortos pelas doenças. Não foi preciso muito esforço para convencê-los a se juntar aos outros, que agora viviam junto aos brancos. Segue um pequeno trecho da entrevista que fiz com Jamain Tamanain:

— Por que você perdeu o medo do branco?

— Sei lá. Eu não queria mais ficar só. Não queria mais que ficássemos sós. Queria que fôssemos muitos. Não havia milho para bebermos. Comíamos só castanha. Comíamos caça por lá [...]. Comíamos as carnes acompanhadas de bobagens. Vou contar para você [ri]. Comíamos carne de anta com nao [fruto]. Comíamos com patauá também. Quando tinha pupunha, comíamos veado com pupunha. Comíamos carne com babaçu também.

— Por isso é que você não queria mais ficar lá?

— É por isso. Queria comer milho com meus conterrâneos.

— Você pensava que todos os Wari' haviam morrido?

— É, que todos tinham morrido. Talvez não houvesse mais ninguém. Meu irmão mais velho dizia que só nós tínhamos restado. Era como se estivéssemos sozinhos...

— Você gostou de ter chegado [no posto]? Por quê?

— Fiquei feliz porque finalmente havia gente para mim. Eu fiquei muito feliz. Havia finalmente gente para mim! Acabou o aperto em meu coração. Fiquei lá.

Assim que chegaram ao posto indígena, onde os Wari' já viviam ao lado de indigenistas e missionários evangélicos, um dos filhos do casal adoeceu e morreu, e Wem Parawan sofreu um aborto. Mas não é o final triste que quero ressaltar aqui e sim um problema específico experimentado por eles: faltava-lhes "gente". Para começar, não havia uma esposa para Jamain, que seguia sozinho. Não havia um xamã para curar os doentes, ou um conjunto suficiente de pessoas para fazer os rituais, as festas que os animavam. Talvez por isso não plantassem milho, que para os Wari' constitui uma marca da humanidade. Mesmo saudáveis e saciados, sentiam falta da vida em comunidade.

Eram como uma amostra em menor escala do primeiro grupo. Aqueles, talvez por constituírem uma comunidade propriamente dita, com vários casais, cunhados, filhos e sobrinhos, aguentaram muito mais tempo em isolamento. Mesmo assim, como me disse um deles, sentiam falta dos parentes, não somente de parentes específicos, entenda-se, mas do parentesco mais amplo, dos afins e das festas proporcionadas por essa convivência entre pessoas diferentes.

Mesmo considerando as importantes diferenças entre os povos ditos ocidentais (ou euro-americanos) que agrupamos ao falarmos de um *nós* que se oporia aos indígenas (no caso, um *eles* igualmente artificial), parece-me haver uma clara dicotomia entre esses dois conjuntos quando pensamos sobre o modo como cada um define o que é uma pessoa e o lugar das relações para a sua existência. Grosso modo, enquanto nós concebemos a possibilidade do indivíduo, de uma pessoa que existe previamente e independentemente das relações, entre eles tal ideia é inconcebível, pois a pessoa está intrincada em suas relações e não tem existência independente destas. Ao contrário, entre nós a ideia de uma vida solitária, desde que com as condições mínimas de conforto e segurança, não parece tão estranha, ou seja, pode ser considerada como uma das possibilidades entre as escolhas possíveis do indivíduo. Em suma, viver sozinho, ou somente com a sua pequena família, não é um problema.

Como observou o sociólogo uruguaio Gabriel Gatti ao falar de sua quarentena em Palo Alto, cidade central do Vale do Silício californiano, somos levados a crer que as pessoas daquela região estavam preparadas para a pandemia: desde sempre praticaram a "distância social", suas casas delineiam os limites de seu universo moral e já tinham prontas ferramentas de gestão e de comunicação para administrar a atual radicalização do distanciamento. A empresa Zoom, por exemplo, um dos meios de comunicação coletivos mais usados na pandemia, foi criada a cerca de vinte quilômetros de Palo Alto, na cidade de San José.

Não é o caso dos povos indígenas, e não somente pela falta de tecnologia.

4.
Espíritos, xamãs e doenças

Até a chegada das doenças dos brancos, que se alastravam produzindo epidemias que causavam muitas mortes simultâneas, os povos indígenas tinham conhecimentos próprios para tratar das moléstias que os afligiam. Tratamentos à base de plantas e animais da floresta, associados à ação xamânica, muitas vezes tinham sucesso. De acordo com Davi Kopenawa, referindo-se aos Yanomami:

> Antigamente, antes de os brancos chegarem à nossa floresta, morria-se pouco. Um ou outro velho ou velha desapareciam, de tempos em tempos, quando seus cabelos já tinham ficado bem brancos, seus olhos cegos, suas carnes secas e flácidas. Seu peito virava outro, acometido pelo mal da fumaça. Extinguiam-se assim aos poucos, pela simples razão de que já não comiam nem bebiam mais [...]. Outrora, na floresta não existiam todas as epidemias gulosas de carne humana que chegaram acompanhando os brancos. Hoje, os xapiri [espíritos] só conseguem conter a epidemia xawara quando ainda é muito jovem, antes de ela ter quebrado os ossos, rasgado os pulmões e apodrecido o peito dos doentes. Se os espíritos a detectarem a tempo, e vingarem suas vítimas sem demora, elas podem se recuperar. Esses novos males que os brancos chamam malária, pneumonia e sarampo, porém, são outros. Vêm de muito longe e os xamãs nada sabem a seu respeito. Por mais que se esforcem para enfrentá-los, nada os atinge. Seus esforços são inúteis e morremos logo, um depois do outro, como

peixes envenenados por timbó. Os xapiri só sabem combater as doenças da floresta, que conhecem desde sempre.[1]

As mortes eram atribuídas, muitas vezes, ao ataque por espíritos animais, mas também a agressões por outras espécies de seres, além de, em alguns casos, à feitiçaria realizada por pessoas distantes. Ou seja, as doenças, por princípio, vinham de fora, de modo que aqueles que viviam juntos, os parentes, não eram concebidos como vetores.

As doenças em que os agentes são espíritos animais — as mais comuns entre diversos povos — são concebidas como fruto de uma rivalidade ou de uma disputa, visto que, para os povos indígenas, a humanidade não se restringe àqueles que vemos como humanos, mas inclui outros seres, em alguns casos também vegetais.

Essa ideia alargada de humanidade tem seu fundamento na mitologia. Os mitos de vários desses povos nos contam sobre um momento do passado em que os humanos e os animais tinham todos a forma humana e viviam juntos. Com a inauguração do tempo presente, foi estabelecida uma separação física entre humanos e animais, embora a subjetividade destes últimos tenha sido mantida. No caso dos Wari', esse tempo presente inicia-se com a posse do fogo, roubado da avó-onça, enquanto para alguns outros povos, como os Yanomami, a separação dá-se pela interferência de um demiurgo.

Ocorre, entretanto, que nas cosmologias indígenas os mitos se atualizam no presente, não como lembrança, mas por meio de acontecimentos cotidianos. Ou seja, o mundo mítico não é passado, mas uma esfera do presente, que vez por outra se manifesta. Assim, a humanidade dos animais permanece parte constitutiva do mundo, embora não possa ser percebida diretamente pelas pessoas comuns. Os indígenas sabem, pela voz de seus xamãs, que os animais vivem em casas com suas

1 Davi Kopenawa e Bruce Albert (2015), pp. 175-6.

famílias, fazem bebidas fermentadas, festas e comunicam-se pelo mesmo idioma que eles. Entretanto, têm outros hábitos e, especialmente, outra visão. Quando vemos uma onça atacar as suas presas pulando sobre elas, o que acontece, do seu próprio ponto de vista, é uma caçada normal, em que usam arco e flechas. Ao beberem o sangue das presas, estão bebendo uma saborosa cerveja, que nomeiam pelo mesmo nome usado pelo povo para a sua bebida fermentada à base de mandioca ou milho.

Não se trata, portanto, de visões diferentes, culturalmente determinadas, sobre uma mesma matéria, como em nosso relativismo cultural, mas de matérias diferentes (cerveja, sangue) submetidas à mesma prática cultural: nesse caso, beber cerveja como um ato social, humano. Uma mesma cultura — casas, famílias, festas, bebidas — e diferentes "naturezas" fundamentam uma concepção de mundo, ou ontologia, tipicamente ameríndia, que ficou conhecida como "perspectivismo", a partir do trabalho do antropólogo Eduardo Viveiros de Castro.[2]

Humanos, os animais costumam estar interessados em gente para a sua comunidade, do mesmo modo que Jamain Tamanain em seu exílio forçado no tempo das epidemias. Por essa razão, estão constantemente à espreita para levar pessoas consigo, fazendo da relação entre os indígenas e suas presas animais um assunto muito delicado. Trata-se de relações propriamente sociais, que envolvem regras morais e negociações. Se desrespeitadas as boas maneiras, de matar, assar e distribuir, os animais causam doenças no caçador ou em pessoas de sua família. Se não forem curadas pelos xamãs, morrerão, indo viver para sempre entre os animais, como um parente deles. O próprio xamã é, entre diversos povos, uma espécie de doente crônico, parcialmente curado, o que tem como efeito a existência de um duplo seu, que vive em meio aos animais ou outros espíritos, convivendo intimamente com eles.

2 Eduardo Viveiros de Castro (1996).

Mas não só isso. Assim como os espíritos xapiri para os Yanomami, os animais podem agir como guardiães de uma moralidade propriamente indígena. Isso quer dizer, no caso Wari', por exemplo, que se pessoas, sobretudo crianças, não forem bem tratadas pelos seus parentes, bem alimentadas em primeiro lugar, tornam-se suscetíveis a serem levadas pelos animais, que, como disse, estão sempre desejosos de gente para si. Com isso, às relações de cuidados entre parentes subjaz uma disputa, que implica um esforço constante de manter junto de si aqueles que se considera próximos.

Chegamos então ao ponto que nos interessa diretamente aqui, por dizer respeito aos efeitos das epidemias entre os povos indígenas. Pessoas doentes de um modo geral encontram-se em um limbo entre duas humanidades: aquela de seus parentes e a dos animais ou outros espíritos que provocaram a doença para levá-la consigo. Por essa razão os parentes não podem sair de perto delas, lembrando-as todo o tempo de que são eles os parentes de verdade, de que é ali que devem ficar. Entre os Wari', o doente não é deixado um só minuto sozinho: colocam a sua cabeça no colo, tocam o seu corpo e falam com ele todo o tempo. Aqueles que têm que ser transferidos para a Casa do Índio, ambulatório para o tratamento dos indígenas na cidade, jamais seguem desacompanhados, e quando nos quartos, seja dali ou do hospital público local, nos casos mais graves, esses acompanhantes dormem no leito do doente, colados a ele.

Mas não somente os animais estão interessados em levar as pessoas. Os parentes mortos também podem vir buscá-las, convencendo-as de que estarão melhor entre eles. Logo no início de minha pesquisa de campo entre os Wari', em 1986, uma de minhas melhores amigas ali, Rute, feriu o seu olho com uma espinha ao limpar peixes na beira do rio. Ao retirar a espinha com as mãos, feriu mais ainda o olho, o que provocou uma infecção que a levou à perda da visão. Estive com ela em sua casa nas primeiras horas e, preocupada com o que me parecia ser um problema físico, de um olho ferido, me surpreendi com a atenção de seus parentes a algumas de suas reações, que atribuí ao delírio causado pela dor. Fui descobrir que o que mobilizava seus parentes era o chamado de um irmão morto, que queria levá-la consigo. Rute estendia os braços para a frente e dizia: "Meu irmão mais velho, eu vou!". Sua mãe, pai e irmãos, que estavam ao seu lado, seguravam-na dizendo: "Veja, somos nós os seus parentes, não vá com ele". Ela se sentava e novamente se levantava em um pulo, chamando pelo irmão morto.

Contaram-me que quando Wan e' estava à beira da morte, começou a chamar Paletó, seu irmão mais novo, que estava ao seu lado, para acompanhá-lo. Dizia: "Vamos, vamos, irmão mais novo!". E então, To'o, esposa de Paletó, tirou-o de perto e disse com firmeza: "Paletó fica!".

O mesmo se passa entre os Yanomami:

> É assim que morrem os humanos. Os fantasmas de nossos maiores falecidos sempre querem levar os vivos para junto deles, nas costas do céu. É verdade. Os mortos sentem saudade daqueles que deixaram, sozinhos, na terra.[3]

Diante desse tipo de reação face às doenças, quais seriam as consequências do isolamento de um doente, tal como prescrito nos casos daqueles contaminados por Covid-19?

Certamente as coisas mudaram rápido nas décadas de convivência de diversos povos com os brancos. O ensino escolar, que inclui as nossas ciências, apresentou aos jovens novas noções de corpo e de doença, e diversos deles foram treinados como auxiliares de enfermagem. Esses jovens identificam os sintomas das principais doenças exógenas, administram remédios e, nos casos de malária, de alta incidência na Amazônia, são capazes de colher sangue das pessoas doentes, preparar lâminas, diagnosticar e medicar. Os remédios alopáticos, tais

---

3 Davi Kopenawa e Bruce Albert (2015), p. 191.

como antibióticos, anti-inflamatórios e analgésicos, hoje fazem parte da vida cotidiana de todos os povos em contato regular com os brancos. No caso daqueles catequizados por evangélicos, que hoje são muitos, os agentes tradicionais de doenças, tais como os animais entre os Wari', passaram a ser *dominados* pelos humanos, reduzidos a simples objetos de consumo, tal como explicitamente expresso no Gênesis 1,26, traduzido em diversas línguas nativas:

> Então disse Deus: "Façamos o homem à nossa imagem, conforme a nossa semelhança. Domine ele sobre os peixes do mar, sobre as aves do céu, sobre os grandes animais de toda a terra e sobre todos os pequenos animais que se movem rente ao chão".

Mesmo diante disso, as narrativas atuais sobre doenças nunca envolvem somente o que consideramos patógenos externos. Incluem inevitavelmente a suspeita de agência humana, com frequência aquela de um feiticeiro rival, de um morto interessado em levar o parente ou até mesmo de animais possuídos pelo demônio, no caso de alguns povos catequizados.

Em 2018, em minha mais recente estadia entre os Wari', que desde 2001 se converteram em massa ao cristianismo evangélico, ouvi muitos relatos sobre desmaios e mal-estares causados pela intenção de um morto recente em levar aquelas pessoas consigo. Observei também que os doentes continuam constantemente acompanhados. Mesmo aqueles vitimados por tuberculose — doença altamente contagiosa, muito comum entre os Wari' — são mantidos próximos, partilhando pratos, talheres e esteiras. Os agentes indígenas de saúde medicam os doentes, levando a eles comprimidos, mas não fazem qualquer comentário sobre a necessidade de isolamento ou, se fazem, não são ouvidos. Se é sempre ambígua a separação entre os sintomas de uma doença exógena, viral, bacteriana ou outra, daqueles do enfraquecimento causado pela captura por outras pessoas, como deixá-las sozinhas se um dos modos de cura é a garantia do parentesco, do pertencimento ao mundo dos humanos? E como conceber que o agente da doença pode ser um parente, aquele mais próximo, com quem se partilha a comida e a esteira da noite? Um mosquito, transmissor da malária, pode ser evitado com fumaça, repelente ou um tapa. Mas sem o parente a humanidade é colocada em risco.

Um estudo antropológico sobre a epidemia de aids entre indígenas Awajun (Jivaro), do Peru, lembra-nos de mais um vírus levado aos povos indígenas de diversos países amazônicos, inclusive o Brasil, que nesse caso não aparece nos noticiários. Embora haja uma alta incidência de aids entre os Awajun, eles muitas vezes associam os sintomas da doença à feitiçaria. Isso não quer dizer que não tomem antirretrovirais, mas que os alternam com ervas, mantendo-se atentos a possíveis desafetos que poderiam agir como feiticeiros.4

Não existe também, entre muitos povos indígenas, a concepção de um agente latente e silencioso, que pode se tornar subitamente ativo. Uma pessoa sem sintomas é considerada curada. Isso implica dificuldades extras para o tratamento, não só de HIV, mas também da tuberculose e outras doenças virais e bacterianas. É muito comum que as pessoas parem de tomar os antibióticos ou outros remédios quando se sentem melhores.

As mães awajún, principais cuidadoras, não saem de perto dos filhos enfraquecidos pelo HIV, levando as suas camas para dentro da cozinha, para que fiquem perto do fogo e da comida, que são fonte de saúde. A busca de pessoas e lugares que emanem saúde, como vimos, também guiava os deslocamentos wari' durante as epidemias, o que nos sugere uma concepção de contágio às avessas, fundamentado na ideia de que os corpos de parentes estão interligados.

4 Ximena Rojas (2019).

No caso das crianças, as mais suscetíveis, não se trata somente da mãe, que tem com elas um fluxo de substância via amamentação, mas inclui pessoas sem comunicação física com elas. O pai de um recém-nascido, por exemplo, não pode caçar ou comer determinados animais, pois o espírito do animal pode atacar a criança, apertando a sua cabeça com as suas garras. Em caso de doença, parentes que não vivem na mesma casa podem fazer dieta para proteger a pessoa, pois o que comem pode afetá-la.

A contaminação involuntária — ou seja, que não inclui os ataques animais e a feitiçaria — não se dá na direção de uma pessoa doente para uma sadia, como para nós, mas ao contrário, de alguém sadio para aquele doente ou debilitado. Entretanto, além de causar (ou agravar) doenças, as pessoas saudáveis podem funcionar como agentes de cura. Como vimos no relato de Xi Waram sobre as epidemias de 1961 entre os Wari', os doentes iam em busca de pessoas sadias para, ao lado delas, curarem-se. Não estavam somente à procura de cuidados, mas de uma espécie de fluxo de saúde que experimentavam ao seu lado.

5.
Uma civilização viral

Em 1965, o antropólogo Claude Lévi-Strauss fez uma interessante associação entre o modo de ação de nossa sociedade e aquele dos vírus.

À primeira vista, os vírus, intermediários entre a vida e a matéria inerte, representam uma forma especialmente modesta da primeira. No entanto, eles precisam de outros seres vivos para se perpetuarem. De modo que, longe de tê-los precedido na evolução, os vírus os supõem, representando, portanto, um estado relativamente avançado. Por outro lado, a realidade do vírus é quase de ordem intelectual. Pois seu organismo praticamente se reduz à fórmula genética que ele injeta em seres simples ou complexos, forçando as células destes a trair sua própria fórmula para obedecer à dele, e fabricar seres iguais a ele.

Para que nossa civilização surgisse, foi também preciso que existissem outras, antes e ao mesmo tempo que ela. E sabemos, desde Descartes, que sua originalidade consiste essencialmente num método cuja natureza intelectual torna impróprio a gerar outras civilizações de carne e osso, mas capaz de impor a elas sua fórmula e forçarem-nas a se tornarem iguais a ela.[1]

Como os vírus na perspectiva destacada por Lévi-Strauss, os europeus chegaram em várias partes do mundo com a missão explícita de reproduzirem a si mesmos por meio da exploração

[1] Claude Lévi-Strauss (2013), pp. 315-6.

das riquezas das novas terras e, quando os encontravam, dos corpos dos habitantes locais, que serviriam de mão de obra para essa exploração. Ao longo dos séculos experimentaram as mais diversas possibilidades, variando o tipo de mercadoria explorada, do pau-brasil aos minérios, e percorrendo sucessivamente diferentes terras quando as riquezas se esgotavam. Os corpos, das florestas e dos indígenas, ao final, viram-se destruídos, ao modo dos doentes infectados por vírus letais, o que, como sabemos, é mais do que uma metáfora. Aos indígenas, os europeus impunham o trabalho forçado e o cristianismo, buscando torná-los réplicas deles, porém necessariamente inferiores, pois não lhes interessava a competição. Como os vírus, queriam reproduzir a sua sociedade e a sua religião por meio de qualquer corpo estranho que encontrassem.

Quatro séculos depois, vimos a repetição do mesmo tipo de ação predatória, que caracteriza a infecção viral, nos primeiros encontros dos Wari' com os brancos. A "pacificação", mencionada acima, foi precedida por mais de duas décadas de ataques armados, de brancos interessados em explorar a borracha de suas terras.

Uma entrevista que realizei com D. Roberto Arruda, bispo emérito de Guajará-Mirim, em 1993, sobre as chamadas expedições punitivas contra os Wari' na década de 1950, nos oferece alguns detalhes das ações de destruição. Comecei perguntando quem eram as pessoas que impetravam esses ataques:

— Grupos particulares, mas quem era que não tinha conhecimento? Se o povo todo tinha conhecimento, como é que o governo não tinha conhecimento, né? Era uma coisa assim consentida. Ninguém encontrava talvez solução para o problema, não é? Porque, sei lá, não estava interessando talvez a todo mundo. E depois da construção da estrada de ferro, isso continuou. Agora, intensificou-se mais talvez no período do trabalho da borracha, porque aí os seringalistas mandavam o pessoal para o mato para trabalhar, mas naturalmente eles tinham interesse em receber o produto de volta, e para isso tinham que impor a paz, o respeito aos índios. E organizavam então grupos armados para o que eles chamavam a limpeza da área. E essa limpeza consistia em destruir todas as aldeias, matando o que encontrassem.

— Então foram muitos esses massacres?

— Nossa, demais. Massacres terríveis. Os brancos chegavam, grupos armados, pela manhã. Então metralhavam a aldeia...

— Com metralhadoras mesmo?

— Com metralhadoras, usavam metralhadoras mesmo. E depois entravam na aldeia liquidando mulheres e crianças que sobravam. E ainda tive relato por um OroNao [subgrupo wari'], cuja mulher tinha morrido num desses ataques. Dava pena porque esse homem estava sozinho na casa, com uns cinco meninos, quase todos relativamente pequenos, de dez anos para baixo, e a preocupação dele era de como alimentar, de como sustentar essas crianças. Então os vizinhos é que traziam para ele caça e coisas dessas, e ele ficava ali com as crianças. Então perguntamos a ele pela mãe, e ele nos disse que tinha morrido num desses ataques dos brancos. E, sobretudo, o terrível é que ele viu o momento em que um branco agarrou nos braços da mãe uma criança relativamente pequena, e o homem pegou uma perna, o outro pegou a outra, da criança, e com um terçado dividiram essa criança pelo meio. E depois com o terçado atravessaram a mãe e deixaram tudo morto aí. Então você imagina o sentimento dessa gente contra esse tipo de procedimento dos brancos. [...] é por isso que — eu não vi documento nenhum, mas pelo que me relataram vários aí, parece que consta em documentos — tiveram que eletrificar partes do serviço de trilhos, eletrocutando índios assim para não destruírem o serviço feito durante o dia.

Entre os Wari', a "pacificação" contou com a participação de missionários católicos e evangélicos, braços morais da empresa colonial. As suas ações civilizatórias e de catequese iniciaram-se no momento em que os Wari' encontravam-se desorientados, famintos e fracos, tendo perdido dois terços de sua população. Os católicos fundaram uma espécie de missão seiscentista, em pleno século XX, onde os indígenas eram forçados a trabalhar, a cumprir horários, regras de higiene e de comportamento impostas por eles, sendo castigados fisicamente quando retomavam os seus costumes. Mulheres que provocavam o aborto eram acorrentadas ao chão por um dia inteiro; aqueles que tentavam fugir eram capturados, levados de volta e castigados.

Os evangélicos, por sua vez, investiram em aprender a língua wari', traduzir a Bíblia e catequizá-los, ao mesmo tempo que ridicularizavam os seus mitos e os humilhavam por seu modo de ser. Transcrevo aqui um pequeno trecho de um livro de curso preparado para os Wari', em sua língua, pelos missionários da Missão Novas Tribos do Brasil, em 2000. Após uma lista de práticas e ideias wari' sobre sonhos e espíritos animais, eles concluem com um parágrafo a ser repetido pelos Wari' em seus cultos:

> Assim acreditavam os antigos há muito tempo atrás. Eles não conheciam a palavra de Deus. Só conheciam as coisas do diabo. Foi o diabo que deu tudo isso para eles. Mentiroso. Os nossos antigos mentiam muito.[2]

E não só entre os Wari', pois esta é uma prática comum dos missionários evangélicos de diferentes missões em sua estratégia de catequese. Davi Kopenawa relata em seu livro que a "gente de Teosi (corruptela de Deus)", também da Missão Novas Tribos do Brasil, não parava de dizer que as palavras dos xamãs e dos velhos eram mentira.

2 Missão Novas Tribos do Brasil (2000), p. 23.

Em alguns casos, a atuação dos xamãs foi substituída por aquela de pastores evangélicos, que oram sobre os doentes. Atualmente, no centro da pandemia, vejo postagens de meus jovens amigos wari' nas redes sociais em que afirmam o poder de Deus sobre a nova doença: "Deus no comando". Um deles exibe a sua foto ao lado da mãe em um leito de hospital com máscara de oxigênio, informando que ela está com pneumonia e que ele está rezando por ela: "Deus vai tirar esses problemas de epidemia. Confiamos".

6.
O equívoco do virar branco

As narrativas dos viajantes, cronistas e missionários sobre os primeiros encontros entre os europeus e os indígenas no Brasil mencionam com frequência o que lhes parecia ser o reconhecimento imediato de sua superioridade aos olhos dos indígenas, que abraçavam sem hesitação as condutas civilizatórias dos invasores.

Tal percepção já está presente na Primeira Carta do padre Manoel da Nóbrega enviada do Brasil:

> Desta maneira irei ensinando as orações e doutrinando-os na fé até serem hábeis para o batismo. Todos estes que tratam conosco, dizem que querem ser como nós, senão que não têm com que se cubram como nós, e isto som inconveniente tem. Se ouvem tanger à missa, já acodem, e quanto nos veem fazer, tudo fazem: se sentam de joelhos, batem nos peitos, levantam as mãos ao céu; e já um dos principais deles aprende a ler e toma lição cada dia com grande cuidado, e em dois dias soube o A B C todo, e o ensinamos a benzer, tomando tudo com grandes desejos.[1]

Na redução de San Ignacio de Ipaumbucú, no século XVII, o cacique e xamã Guarani Miguel de Atiguaje, considerado por frei Montoya um "verdadeiro ministro do demônio", se "fingia de sacerdote" e

[1] Manoel da Nóbrega, 1549, apud Serafim Leite (1954), p. 20.

simulava estar dizendo missa. Punha sobre uma mesa algumas toalhas e em cima delas uma torta de mandioca e um vaso, mais que pintado, com vinho de milho, e, falando entre os dentes, fazia muitas cerimônias, mostrava a torta e o vinho ao modo dos sacerdotes e, por fim, comia e bebia tudo. Veneravam-no com isso os seus vassalos como se fosse sacerdote.[2]

Três séculos depois, as informações do missionário evangélico canadense Royal Taylor sobre os primeiros tempos do contato com os Wari' vão na mesma direção:

Quando alguém via os índios chegando, gritava: lá vem os índios. Eles corriam e atravessavam o campo. Pegavam as roupas e as louças. Por isso, ao avistarem os índios, eles [os missionários] corriam a recolher tudo [seus bens] [...]. Os índios, por si mesmos, vestiam roupas quando chegavam no posto: gostavam de imitar o civilizado.[3]

Entretanto, ao mesmo tempo que se espantavam com a docilidade dos indígenas, eram surpreendidos com movimentos na direção oposta. Padre Antônio Vieira, em uma carta datada de 1657, comparou-os a estátuas de murta que, embora sejam facilmente moldadas, logo retomam a forma inicial.[4] Mais do que um desinteresse gradual por aquilo que antes os fascinava, ocorriam inversões radicais de disposição, na forma de assassinatos e revoltas coletivas. Os europeus, certos de sua superioridade e tomando a imitação dos indígenas como expressões desse reconhecimento, ficavam decepcionados com o que entendiam ser fruto de uma "inconstância da alma selvagem",[5]

2 Montoya, 1985 [1639], apud Graciela Chamorro (1998), p. 63. 3 Entrevista da autora com Royal Taylor, em 1992. 4 Eduardo Viveiros de Castro (2002), p. 183. 5 Ibid.

pois, se rapidamente adquiriam novos comportamentos, logo voltavam aos velhos costumes. Tendo os invasores a sua cultura forjada por um cristianismo que valoriza a unidade e a identidade, só podiam ver o movimento diferenciante dos indígenas como atitudes inconsequentes e superficiais, distantes da sólida mudança interior e espiritual professada pelo modelo cristão.

A reação dos colonizadores a esses reveses envolvia necessariamente o uso da força: torturas físicas e assassinatos, que se somavam aos maus-tratos diários aos corpos indígenas. Crianças eram retiradas de suas famílias e enviadas para internatos missionários, onde eram proibidas até mesmo de falar a sua língua. Eram moldados à imagem do colonizador, replicando o processo de criação do Deus cristão narrado no Gênesis: o homem feito à sua imagem e semelhança.

Esses movimentos de afastamento não eram somente consequência das atitudes morais reprováveis dos europeus, que enganavam, roubavam e escravizavam, mas expressavam uma noção propriamente indígena sobre o modo de relação com outros tipos de seres.

O europeu, assim como o estrangeiro, o inimigo, ou o animal, constitui uma via para a experiência de outras perspectivas, que não se dá pela identificação mental, como para nós, mas corporal. A proximidade, a comensalidade e a repetição dos gestos notada pelos missionários, ao promoverem uma transformação do corpo, constituem as portas de entrada para esses outros mundos.

Entretanto, como atestavam as súbitas mudanças nas relações com os europeus, essa transformação é transitória e necessariamente reversível. Não se quer virar o outro definitivamente, mas partilhar as suas experiências e ter acesso aos seus poderes. Não é algo muito distinto da experiência xamânica, pois o xamã transita entre os mundos indígena e animal (ou de outros espíritos), passando de uma perspectiva à outra incessantemente. Os Wari' costumam expressar esse estado de transformação afirmando que o xamã tem um corpo duplo, que o permite viver aqui e lá, assumindo formas distintas: humano e onça, por exemplo.

O movimento de identificação aos brancos não tem, portanto, relação com um desejo de virar branco, como vem sendo professado por nossos governantes como justificativa para a espoliação de suas terras e a desintegração de suas culturas. O que eles querem é capturar a diferença em seus corpos, mantendo-se fortemente enraizados em seu mundo, que é onde buscam o sentido para as novidades. São muitos os exemplos interessantes desse tipo de apropriação criativa, como o de personagens brancos tornados espíritos xamânicos e de aparelhos celulares sendo utilizados, além do modo usual, para a comunicação com os espíritos e os mortos. As palavras de Ailton Krenak vêm ao encontro do que busco explicar aqui:

> O fato de podermos compartilhar esse espaço, de estarmos juntos viajando não significa que somos iguais; significa exatamente que somos capazes de atrair uns aos outros pelas nossas diferenças, que deveriam guiar o nosso roteiro de vida. Ter diversidade, não isso de uma humanidade com o mesmo protocolo.[6]

Enquanto os indígenas estão interessados na diferença e na multiplicidade, o que buscamos é a identidade e a homogeneidade de que fala Ailton, que vêm acompanhadas do horror à diferença, encarnada pelas minorias diversas, dentre elas os indígenas, que a expressam em seus corpos, línguas e gestos. No caso indígena temos o agravante de exibirem uma diferença específica, que fere o cerne de nosso sistema capitalista: a gestão coletiva de suas terras e bens.

6 Ailton Krenak (2019), p. 33.

Esses interesses opostos são explicitados por Lévi-Strauss em *História de Lince*, de 1993, livro em que analisa o encontro entre indígenas e brancos. De acordo com o antropólogo, o verdadeiro conflito desse encontro de mundos não deve ser buscado nos antagonismos entre credos e modos, mas num nível mais profundo, na forma de conceber e lidar com a diferença. O resultado já conhecemos, e a fórmula desse encontro continua a ser repetida hoje com a mesma violência de quinhentos anos atrás.

7.
Reconectando

Ouvir e contar uma avalanche de histórias é um método. E por que não fazer uma afirmação forte e chamar isso de ciência, uma soma ao conhecimento?

Anna Tsing, *The mushroom at the End of the World*

Em um livro recente, a bióloga e filósofa Donna Haraway propõe outro uso metafórico para o processo de infecção viral, não mais ligado à destruição, mas à reconexão entre os seres e espécies. O termo proposto por ela é "viral response-ability", um jogo com a palavra "responsability", que poderia ser traduzido como "habilidade de resposta viral". Esse "vírus da esperança, altamente mutante", em suas palavras, ao passar de um ser a outro não teria como função replicar um código genético único, fazendo cópias de si mesmo à revelia de seus hospedeiros, deixando-os debilitados ou mortos ao final. Ao contrário, o vírus agiria como um transmissor de informações entre diferentes tipos de seres, humanos e animais, permitindo saber que estão interligados. Aqueles infectados deixariam de se pensar como indivíduos autocontidos para se verem como *holoentes*, como os recifes de coral, onde uma miríade de seres encontram-se indissociavelmente ligados.[1]

---

[1] Donna Haraway (2016).

O vírus não faria nada além de nos trazer a lembrança dessas ligações bióticas das quais somos parte. É por termos nos esquecido delas e agido como espécie desconectada das demais que estamos hoje vivendo um tempo de catástrofes ambientais e sanitárias e, consequentemente, também sociais. Afinal, o coronavírus saiu de seu meio de origem pela ação predatória dos humanos, assim como o vírus da gripe aviária, da vaca louca e diversas outras zoonoses. E muitos outros virão, dizem os cientistas, alguns mantidos por séculos congelados no gelo permanente, que derrete em velocidade assustadora devido ao aquecimento global. Nas palavras de Bruno Latour, a pandemia talvez seja apenas um "ensaio geral" do que está por vir com as mudanças climáticas.[2]

O mais importante, entretanto, é que o "vírus da conexão" não é uma ideia de ficção científica, podendo ser acessado e capturado se prestarmos atenção nas palavras e ações dos povos indígenas, há muito infectados por ele. Suas vidas estão intricadamente associadas entre si e com aquelas de outros seres, animais e plantas. Sabem que a ruptura de um nó do intricado jogo de cama de gato do qual somos parte afeta todos os demais nós, ou seres, implicando mudanças em todo o conjunto, isto é, no planeta. E não se furtam a nos explicar isso. Suas palavras estão aí, para serem lidas e ouvidas, como a proposta de Timóteo Verá Popyguá, Guarani, de substituir "desenvolvimento" por "envolvimento",[3] da troca feita por um estudante da Papua Nova Guiné de *development* (desenvolvimento) por *developman* (desenvolver o homem)[4] e a aguda observação do xamã Davi Kopenawa sobre o conceito de meio ambiente: é "meio" porque, para os brancos, está pela metade.

Além da cama de gato e dos corais como imagens de compostos interespécies, Haraway propõe a fabulação livre como

---

2 Bruno Latour (2020). **3** Timóteo Verá Popyguá (2006). **4** Marshall Sahlins (2005).

um dispositivo de conexão entre nós e com os outros seres. Precisamos de histórias longas o suficiente para juntarmos as complexidades, deixando as pontas abertas para novas e surpreendentes conexões, ensinou-lhe o antropólogo James Clifford. Interessante coincidência com a proposta do líder indígena Ailton Krenak, em seu *Ideias para adiar o fim do mundo*. Inspirado em Sherazade, das *Mil e uma noites*, que adiou a própria execução ao contar a seu carrasco uma história sem fim, Ailton sugere que não paremos de contar histórias, de fabular.

Nada mais condizente com o modo de vida indígena. Os mitos que costumam contar uns para os outros ao anoitecer são essas histórias, sem fim porque um se conecta ao outro, em um processo de transformação contínuo que atravessa as fronteiras étnicas e linguísticas. São histórias cheias de pontas soltas, que possibilitam muitas e novas conexões. Nos mitos, os humanos são esses compostos de que fala Haraway, misturados aos animais, mudando de forma todo o tempo, costurando passado e presente, alto e baixo, frio e quente, cru e cozido.

São essas as histórias que os missionários, que chegam para convertê-los, afirmam ser mentiras, reduzindo um complexo aparato intelectual conectivo à noção de crença, um problema essencialmente cristão e, portanto, alheio aos indígenas. Por meio da humilhação e das demonstrações enganosas de poder, e diante de populações já feridas e desestruturadas por massacres e epidemias, acabam por minar esse pensamento, oferecendo como substituto as histórias bíblicas centradas na clara separação entre os humanos e os demais seres, e onde, na leitura dogmática dos missionários, impera a dicotomia do bem e do mal. Todas as possíveis pontas de conexão são assim cortadas a golpes de facão.

Os efeitos desse processo destrutivo chegam em cadeia. O missionário Maurice Leenhardt, que viveu muitos anos entre o povo Canaque da Nova Caledônia, uma ilha do Pacífico, descreveu o modo como esse povo se relacionava com animais e plantas por um termo emprestado do filósofo francês Lévy--Bruhl: "participação primitiva", o que significava que os Canaque sabiam-se misturados aos outros seres, participando de suas vidas e seus corpos. Para o missionário, entretanto, tratava-se de uma visão "mística", fantasiosa.

Para a sua satisfação, a catequese cristã teve, entre outros, o efeito de desfazer essa perspectiva, de modo que deixaram de se ver como intimamente associados aos outros seres. Mas um efeito colateral desagradou o missionário: a desconexão com os demais seres vivos provocou também uma desconexão entre os humanos. Os Canaque passaram a se ver como pessoas separadas umas das outras.[5]

Muito mais do que um deus estranho ou uma crença, o cristianismo trouxe aos Canaque, e traz aos outros indígenas, a noção de indivíduo antes completamente alheia a eles, *holoentes* desde sempre. O que se constata ao vislumbrarmos os efeitos da catequese entre os mais diversos povos nativos é que a conexão entre as pessoas não pode ser dissociada daquelas mais amplas, que abrigam outros seres.

A objetificação da natureza nos leva a investir em seu controle e exploração, com o cuidado de guardar pequenas amostras para fins educacionais ou contemplativos, como se fossem centros de cura e de possibilidades de retomada em caso de implosão: reservatórios de sementes congeladas, museus, zoológicos. Como se bastasse juntar novamente um grupo de seres diferentes para que o conjunto funcionasse como antes.

Com o esgotamento do nosso planeta, cujos efeitos sentimos todos agora em nossos corpos ameaçados ou já doentes, o movimento que se vislumbra não é de uma busca de cura, de reconexão global, de relações equilibradas entre os povos e com outros seres vivos. A nossa civilização viral continua a sua marcha, em busca de outros corpos a explorar. Uma

5 Maurice Leenhardt (1971).

manchete, que parece saída de um livro de ficção científica, foi divulgada recentemente pela agência Reuters: o governo americano está preparando o arcabouço legal para permitir a extração mineral na Lua, e este será ofertado em forma de tratado aos seus aliados mais próximos, oferecendo-lhes segurança contra os rivais.

Eu me pergunto quantas Terras vamos ter que consumir até essa gente entender que está no caminho errado. (Ailton Krenak)[6]

---

6 Bruno Weis e Amanda Massuela (2019).

Referências bibliográficas

ANCHIETA, Padre Joseph. *Cartas, informações, fragmentos históricos e sermões do padre Joseph de Anchieta, S. J. (1554-1594)*. Rio de Janeiro: Civilização Brasileira, 1933.

AFP. "Denunciado 'genocídio' de indígenas isolados na Amazônia". UOL, 18 maio 2020. Disponível em: <https://noticias.uol.com.br/ultimas-noticias/afp/2020/05/18/denunciado-genocidio-de-indigenas-isolados-na-amazonia.htm#:~:text=S%C3%A3o%20Paulo%2C%2018%20Mai%202020,18)%20pela%20ONG%20Survival%20International>. Acesso em: 12 jun. 2020.

BANIWA, Francineia Fontes. "Lembranças do passado e o medo do presente: Nós indígenas diante da pandemia". Amazônia Real, 14 maio 2020. Disponível em: <https://amazoniareal.com.br/lembrancas-do-passado-e-o-medo-do-presente-nos-indigenas-diante-da-pandemia/>. Acesso em: 12 jun. 2020.

CAMUS, Albert. *A peste*. Trad. de Valerie Rumjanek. Rio de Janeiro: Record, 2017.

CHAMBOULEYRON, Rafael et al. "'Formidável contágio': Epidemias, trabalho e recrutamento na Amazônia colonial (1660-1750)". *História, Ciências, Saúde — Manguinhos*, Rio de Janeiro, v. 18, n. 4, out.-dez. 2011, pp. 987-1004.

CHAMORRO, Graciela. *A espiritualidade guarani: Uma teologia ameríndia da palavra*. São Leopoldo: IEPG; Editora Sinodal, 1998.

FARIAS, Elaíze. "'A morte está vindo muito rápido em meu povo', diz professora Kokama sobre a Covid-19". Amazônia Real, 14 maio 2020. Disponível em: <https://amazoniareal.com.br/a-morte-esta-vindo-muito-rapido-em-meu-povo-diz-professora-kokama-sobre-a-covid-19/>. Acesso em: 12 jun. 2020.

HARAWAY, Donna. *Staying With the Trouble: Making Kin in the Chthulucene*. Durham; Londres: Duke University Press, 2016.

KOPENAWA, Davi; ALBERT, Bruce. *A queda do céu: Palavras de um xamã yanomami*. Trad. de Beatriz Perrone-Moisés. São Paulo: Companhia das Letras, 2015.

KRENAK, Ailton. *Ideias para adiar o fim do mundo*. São Paulo: Companhia das Letras, 2019.

LATOUR, Bruno. "Isto é um ensaio geral?". Trad. de Déborah Danowski e Eduardo Viveiros de Castro. N-1 Edições, 068, 2020. Disponível em: <https://n-1edicoes.org/008-1>. Acesso em: 12 jun. 2020.

LEENHARDT, Maurice. *Do Kamo: La Personne et le mythe dans le monde Mélanésien*. Paris: Gallimard, 1971.

LEITE, Serafim. *Cartas dos primeiros jesuítas do Brasil*, v. I. São Paulo: Comissão do IV Centenário da cidade de São Paulo, 1954.

LÉVI-STRAUSS, Claude. *História de Lince*. Trad. de Beatriz Perrone-Moisés. São Paulo: Companhia das Letras, 1993.

____. *Antropologia Estrutural Dois*. Trad. de Beatriz Perrone-Moisés. São Paulo: Cosac Naify, 2013.

MISSÃO Novas Tribos do Brasil. "Curso nexi pain Ribeirão", 2000.

POPYGUÁ, Timóteo Verá. "Em vez de desenvolvimento, envolvimento". In: *Povos Indígenas no Brasil 2001-2005*. São Paulo: Instituto Socioambiental, 2006, pp. 30-3.

ROJAS, Ximena. "Entre játa y waweamu: VIH/SIDA en las comunidades awajún de la Amazonía Peruana". *Mana*, v. 25, n. 3, pp. 777-808, set.-out. 2019.

SAHLINS, Marshall. "The Economics of the Develop-Man in the Pacific". In: ROBBINS, Joel; WARDLOW, Holly (Orgs.). *The Making of Global and Local Modernities in Melanesia*. Burlington: Ashgate, 2005.

TSING, Anna. *The Mushroom at the End of the World: On the Possibility of Life in Capitalist Ruins*. Princeton e Oxford: Princeton University Press, 2015.

VIVEIROS DE CASTRO, Eduardo. "Os pronomes cosmológicos e o perspectivismo ameríndio". *Mana*, v. 2, n. 2, pp. 115-43, 1996.

____. *A inconstância da alma selvagem*. São Paulo: Cosac Naify, 2002.

WEIS, Bruno; MASSUELA, Amanda. "O tradutor do pensamento mágico". *Revista Cult*, 4 nov. 2019. Disponível em: <https://revistacult.uol.com.br/home/ailton-krenak-entrevista/>. Acesso em: 12 jun. 2020.

Sobre a autora

Aparecida Vilaça é carioca, doutora em antropologia social e professora do Museu Nacional da Universidade Federal do Rio de Janeiro. Escreveu diversos livros acadêmicos e, pela Todavia, publicou *Paletó e eu: Memórias de meu pai indígena*, o primeiro relato pessoal sobre a sua experiência.

© Aparecida Vilaça, 2020

Todos os direitos desta edição reservados à Todavia.

Grafia atualizada segundo o Acordo Ortográfico da Língua Portuguesa de 1990, que entrou em vigor no Brasil em 2009.

capa
Todavia
composição
Manu Vasconcelos
revisão
Huendel Viana

Dados Internacionais de Catalogação na Publicação (CIP)
— —
Vilaça, Aparecida (1958-)
Morte na floresta: Aparecida Vilaça
São Paulo: Todavia, 1ª ed., 2020
56 páginas

ISBN 978-65-5692-028-3

1. Ciências sociais 2. Antropologia 3. Civilização I. Título

CDD 304.2
— —
Índice para catálogo sistemático:
1. Ciências sociais: Antropologia 304.2

todavia
Rua Luís Anhaia, 44
05433.020 São Paulo SP
T. 55 11 3094 0500
www.todavialivros.com.br

fonte
Register*
papel
Pólen soft 80 g/m²
impressão
Meta Brasil